ODE

SUR LE MARIAGE

DE

LEURS MAJESTÉS

IMPÉRIALES ET ROYALES,

Par M. LÉON DE LAMOTHE H.,

AUDITEUR AU CONSEIL D'ÉTAT.

> De cette nuit Phénice as-tu vu la splendeur?
> Ces flambeaux, ces bûchers, cette nuit enflammée ;
> Ces aigles, ces faisceaux, ce peuple, cette armée ;
> Cette foule de rois, ces consuls, ce sénat,
> Qui tous de mon amant empruntaient leur éclat ;
> Cette pourpre, cet or qui rehaussaient sa gloire,
> Et ces lauriers encor témoins de sa victoire.
>
> BÉRÉNICE. *Act. pr.*

A PARIS,

Chez CUSSAC, IMPRIMEUR-LIBRAIRE, rue Croix des Petits-Champs, n°. 23, et au Palais Royal, Galerie Vitrée, n°. 231.

M. DCCCX.

ODE

SUR LE MARIAGE

DE

LEURS MAJESTÉS

IMPÉRIALES ET ROYALES.

O LYRE magique d'Orphée,
Viens frémir sous mes doigts émus;
Viens charmer les bords de l'Alphée,
Et les monts fleuris de Lathmus;
De tes accens, l'aigle ennivré,
Tombe de la voûte Ethérée
Sur les nuages lumineux;
Elle ouvre sa serre brûlante,
Et de la foudre étincellante
Laisse tomber les triples feux!

Armé du glaive des batailles
Il est parti le roi des rois!
J'entends s'écrouler les murailles
Au bruit terrible de sa voix;
Plus prompt que l'éclair qui s'allume,
Plus prompt cent fois que le bitume,
Qui gronde en un tube d'airain;
Semblable au dieu puissant de l'onde,
En trois pas il franchit le monde,
Et dicte des loix au destin.

Mais il revient..... Sans doute il traîne
Les peuples vaincus à son char?
La France triomphante reine
S'apprête à couronner César?
Sur tant de ligues étouffées,
Elévant ses nobles trophées,
Le héros marche en conquérant?
Et fier vainqueur, il s'environne
De ses bataillons, de Bellone,
Et de Mars au fer dévorant.

Mais non.... la Seine sur ses rives
Ne le voit pas la foudre en main;
Les pleurs des nations captives
Ne coulent pas sur son chemin.
Il revient! et de l'hyménée
La pompe auguste et fortunée
Embellit son heureux retour.
Europe éloigne tes allarmes!
Napoléon pose ses armes
Sur l'autel brillant de l'Amour!

De l'Ister les ondes fremissent;
Le bronze gronde en longs éclats;
Les cités au loin retentissent
Des chants du peuple et des soldats.
Une belle et chaste déesse,
Joignant la grace à la noblesse,
Eteint la fureur des combats;
Et la discorde consternée,
Sous ses pieds tombant enchaînée,
S'exhale en impuissans débats.

Ainsi dans sa conque dorée,
Lorsque sortant du sein des mers,
La jeune et blonde Cythérée
Navigue sur les champs amers;
De Thétis l'onde impétueuse,
D'une vague tumultueuse,
Ne bat plus l'aride rocher;
Et vaincu lui-même en sa rage
L'Aquilon, père de l'orage,
Dans ses antres court se cacher.

Non, plus de haine, plus de guerre,
Que par-tout s'étende la paix;
Qu'une alliance héréditaire
Europe t'unisse à jamais!
Rassemblés en un même temple,
Que l'avenir toujours contemple,
Tes drapeaux ceints de l'olivier.
Que sans retour l'heureuse France
Puisse en sa prospère abondance,
Pour ses jeux garder les lauriers.

Toi dont la rage turbulente
S'agite encor de toute part,
Frémis en ton île sanglante
Lâche et perfide léopard ;
Tes complots seront inutiles ;
Dans l'Europe il n'est plus de villes
Qui puisse embrâser ta fureur ;
D'un long désespoir sois la proie ;
Nos combats avaient fait ta joie,
Nos accords feront ton malheur.

Dans cette brillante journée
Où s'accomplit un grand destin,
L'aurore était environnée
Des sombres vapeurs du matin ;
On eut dit que de cent nuages
Allaient s'échapper les orages,
Qui devaient attrister ces lieux ;
Mais Napoléon se présente,
Soudain sa fortune constante
Epure la voûte des cieux !

Ainsi toujours folle et barbare,
Osant rêver de grands succès,
Albion que sa haine égare
Menace le héros français ;
Son or amasse la tempête,
Mais réveillé par la trompette
César vole aux exploits nouveaux ;
Il part sur le char de la gloire,
Et fils aîné de la victoire
Creuse une tombe à ses rivaux.

Ainsi dans la tente sacrée
Où loin du regard des mortels,
L'arche puissante et révérée
Reposait sur de saints autels ;
Si l'on osait franchir sans crainte
Les voiles dont la triple enceinte,
Dérobaient les secrets des cieux ;
Soudain du fond du sanctuaire
Partait la céleste colère
Pour dévorer l'audacieux.

Mais fuyons ces tristes images,
Que ce jour soit tout au bonheur !
Peuple français, que tes hommages
Soient dignes du triomphateur ;
Vole à ses pieds ; que ton ivresse,
Que les transports de l'allégresse,
Eclatent en ce doux moment ;
Louise paraît, elle est reine,
Et sans retour elle s'enchaîne
Au héros, au prince, à l'amant !

Tandis que la foule charmée
Entonne l'hymne des amours ;
Je vois une nuit enflammée,
Succéder au plus beau des jours.
Par-tout les étoiles brillantes
En guirlandes étincellantes,
Parent les murs de milles feux ;
Dans l'air la flamme vole et tonne ;
Et l'onde même qui s'étonne,
Se forme en berceaux lumineux.

Nuit fortunée et sans égale,
Pour accomplir un sort si beau,
Que sur la couche nuptiale
L'hymen étende son flambeau !
Venez, déïtés immortelles,
Venez par des faveurs nouvelles
De la France accomplir les vœux ;
Qui sous les voiles du mystère
Se prépare un bonheur prospère,
Que passe à nos derniers neveux.

Le dieu brillant de la lumière
Parcourant ses douze palais,
Avant sa nouvelle carrière
Verra le bonheur des Français.
Une race en héros féconde
Naîtra pour la gloire du monde,
De cette éclatante union ;
Par le ciel elle fut promise
Pour joindre aux grâces de Louise,
Le grand cœur de Napoléon !

L'HYMEN fait asseoir l'espérance
Aux portes du temple de Mars ;
Oui, couple auguste, à ta présence
Par-tout renaissent les beaux arts.
Des saints enfans de Polymnie
Déjà la lyre et le génie,
Ont repris leurs brillans accords ;
Ils se taisoient dans les tempêtes,
Tandis qu'ils vont parer leurs têtes
Du myrthe qui croit sur nos bords.

TEL quand l'aquilon veut répandre
Ses fureurs sous les plus beaux cieux,
Des cygnes, honneur du Méandre,
Se tait le chœur mélodieux ;
Mais lorsqu'amant léger de Flore,
Zéphyr sous ses pas fait éclore
Les fleurs, parure de nos champs.
Le chantre, à l'éclatant plumage,
Revient habiter le rivage
Qui retentit de ses doux chants !

DITHYRAMBE

SUR

LA CAMPAGNE DE PRUSSE.

> Mais qui peut dans sa course arrêter ce torrent,
> Achille va combattre et triomphe en courant.
> RACINE, *Iphigénie*.

Victimes des fureurs d'une ligue inutile;
Les peuples malheureux et leurs coupables rois;
Avaient reçu la paix ou fléchis sous nos lois;
Des Français triomphans l'aigle fière et docile,
Aux pieds de la victoire attendait immobile
Prête à voler encore à des nouveaux exploits.

Quel ennemi rallume son tonnerre!...
 Violant la foi des traités,
L'Anglais rappelle encore nos glaives redoutés.
Nous volons aux combats, et l'airain des batailles

Jusques au sein de leurs murailles,
Fait trembler de lâches soldats ;
La victoire toujours fidelle
Tressant la couronne immortelle
De nos guerriers guide les pas.

Déja nous l'abordions cette rive fatale !
De Londres s'écroulaient les superbes remparts,
Et déjà s'envolait notre aigle impériale
Pour déchirer ses léopards !

En vain, pour arrêter nos efforts intrépides ;
Des complots ténébreux, des machines perfides,
S'unissent contre la valeur ;
Albion cherche au loin des secours plus propices,
Creuse aux princes séduits de nouveaux précipices
Et par l'or que répand sa prodigue frayeur,
Pense sur un autre rivage,
Pouvoir du héros qu'elle outrage
Détourner le courroux vengeur ;
Et sur le continent rejetter son malheur !

Et quoi ! de l'Europe abusée
Les peuples s'armeront encor !

Ils osent se flatter d'enchainer notre essor,
Qu'elle digue au vainqueur peut-elle être opposée ?
Arrêtez, malheureux ; qu'elle aveugle fureur
   A votre perte vous entraîne ?
Coupables instrumens d'une jalouse haine ;
La honte deviendra le prix de votre erreur.
Le signal est donné, nos rapides cohortes
Au milieu de vos rangs ont porté la terreur ;
Vous formez des projets... Nous sommes à vos portes
   Sur les pas de notre empereur !

   ENVAIN des mers hyperborées
   Partent des bataillons nombreux ;
   Envain leurs hordes abhorées
   Poussent des hurlemens affreux ;
Voyez-les, oubliant une gloire éclipsée,
Déplorer en fuyant leur ligue terrassée ;
Fléaux de leurs amis, tyrans des malheureux ;
La France les punit, l'Europe les rejette :
   Bientôt il ne restera d'eux,
Qu'un honteux souvenir de leur prompte retraite !
Les Français ont cueilli la palme des combats,
Leurs fronts s'est couronné des lauriers de la gloire,
   Et le bruit seul de la victoire
Apprend à l'ennemi qu'il n'a plus de soldats.

Napoléon se lève; à son aspect terrible
Des princes de l'Europe a pâli le destin;
  Les trônes ont croulés soudain ,
La France à ses côtes marche reine invincible.
Fort de ses droits, des cœurs, des bras de ses sujets,
Il part, combat, triomphe, et commande la paix.

www.ingramcontent.com/pod-product-compliance
Lightning Source LLC
Chambersburg PA
CBHW061626040426
42450CB00010B/2689